LE SIÉGE
DE SOISSONS

ÉPISODE DE LA VIE MILITAIRE

DE M. LE GÉNÉRAL DE DIVISION GÉRARD.

PAR

M. Ernest Merson.

NANTES,

IMPRIMERIE BOURGINE, MASSEAUX ET COMP., RUE NOTRE-DAME, 3.

1849.

LE SIÉGE DE SOISSONS

Épisode de la vie Militaire

DE M. LE GÉNÉRAL DE DIVISION GÉRARD.

La guerre venait de recommencer, ardente, meurtrière, décisive.

Le champ de bataille ne s'appelait plus Wagram, Austerlitz, Eylau : on le nommait Champaubert, Montmirail, Montereau, Craonne. Hélas! à quelques mois de là, ce devait être Waterloo!

A l'époque où nous nous plaçons, en effet, le glorieux empereur a subi la déroute de Russie, que les éléments déterminèrent plus encore que les armes, et nos bataillons ont éprouvé sous Leipsick un de ces échecs dont le moral d'une armée ne se relève jamais. Le prestige est évanoui : Napoléon n'est pas invincible !

Désormais, la France et lui ont besoin de faire une halte pacifique. Le temps est passé où le dominateur lançait, comme à l'aventure, ses immortelles légions à la conquête du monde. L'empereur est las de combattre, et le pays épuisé fouille dans ses entrailles généreuses sans y trouver un soldat.

La paix! la paix! Autrefois, l'Europe l'implorait de la France; aujourd'hui, ô bizarre mouvement des destinées humaines! c'est la France qui la demande à l'Europe : — elle la demande, mais du moins elle la veut noble, glorieuse, digne du peuple qui, depuis tant d'années, a visité en conquérant tous les royaumes du continent.

A cette initiative, les alliés assemblés à Francfort répondent, — et savez-vous quelles conditions ils imposent à cet empereur dont l'orgueil ne savait pas de bornes? Ils osent lui dire : « Abandonnez l'Espagne, la Hollande, l'Allemagne et l'Italie; dépecez votre France en lambeaux; rendez-nous-en les portions que vous possédez par droit de victoire; délaissez, en un mot, toutes les conquêtes si laborieusement faites par votre génie, au prix du sang de milliers de vos soldats; et vous aurez la paix. »

Napoléon tressaille de surprise et de colère à ces conditions dures jusqu'à être outrageantes; son cœur bondit d'indignation, son esprit se révolte, sa pensée première est de rompre tous pourparlers avec la conférence de Francfort, et d'appeler à son aide, une fois encore, le génie des batailles. Mais, après avoir ainsi défié du regard ses ennemis menaçants, l'empereur porte les yeux sur cette France épuisée par vingt années de triomphes : il aperçoit ses campagnes désertes, ses villes à l'agonie, ses armées décimées, ses arsenaux vides; il voit le pays aspirer à un repos impérieusement réclamé par tant et de si nobles fatigues. Alors, tout espoir de résistance s'évanouit; la fortune longtemps fidèle a déserté la France; une nécessité implacable veut la paix. La paix donc sera acceptée par Napoléon, quelque humiliation qu'en éprouve sa gloire!

Le sort en est jeté. L'empereur consent à mutiler cette carte de France que son sabre lui-même a tracée; il courbe son front, naguère encore triomphant, sous la main de Dieu qui commande, et impuissant désormais à dicter à l'univers la loi du vainqueur, il se prête avec une résignation étrange aux combinaisons de l'Europe debout à la frontière. Lui, le glorieux dominateur de la veille, il devient le dominé du lendemain; lui, l'arbitre souverain de tant de destinées, il accepte le sort que ses ennemis lui imposent; lui, dont les aigles victorieuses visitaient tour à tour toutes les capitales, il coupe volontairement leurs ailes, de peur qu'elles ne s'élancent bientôt en un nouveau vol.

Il accepte toutes les conditions mises par les alliés à la conclusion de la paix! Mais, comme si la coupe d'amertume présentée aux lèvres du grand guerrier n'était pas déjà pleine, les alliés annulent leur parole donnée, ils reviennent sur leurs propositions accueillies, et tandis que Napoléon s'indigne encore, même en les subissant, contre les exigences auxquels il vient de sacrifier la France impériale, ils lancent trois puissantes armées sur notre territoire.

De ce jour commence pour l'empereur le long et douloureux calvaire dont les degrés semés de ronces doivent aboutir à Sainte-Hélène.

Au moment donc où le pays croyait la paix définitivement conclue et signée, il eut la guerre, — une guerre fertile en glorieux incidents, mais au bout de laquelle la défaite était menaçante, inévitable. Avec son regard infaillible, Napoléon devinait que l'issue de la campagne de France serait funeste au pays et à sa dynastie. N'importe! après avoir, dans la nuit solennelle du 23 janvier 1814, embrassé pour la dernière fois sa femme et son fils, il n'hésita pas à courir une fois encore au-devant des batailles, en murmurant, comme pour faire taire ses pressentiments sinistres : « Je suis plus près de Munich qu'ils ne le sont de Paris. »

Ce que l'empereur déploya de génie militaire dans cette campagne; ce que la France y fit de glorieux efforts pour dompter la victoire et la ranger sous ses drapeaux, l'histoire l'a dit déjà ; mais la postérité le dira mieux encore. D'ailleurs, dans ce duel inégal où l'Europe tout entière se coalisait contre nous seuls, Napoléon fut noblement secondé par les débris mutilés de ses vaillantes armées, et le soleil de l'Empire, au moment de disparaître, eut au moins quelques éclatants reflets. Le courage succomba sous l'effort du nombre, mais le linceul de sa défaite ne fut pas sans gloire ; et, malgré la journée du 31 mars, malgré cette insolence impunie du Cosaque abreuvant son coursier aux eaux mêmes de la Seine, malgré enfin la défaite et ses suites désastreuses, la campagne de France demeure, aux yeux des tacticiens, comme le chef-d'œuvre de l'empereur, de ses lieutenants et de ses soldats.

Nous sommes donc à l'époque critique, solennelle et suprême de l'ère impériale, au moment où les derniers actes d'un drame immense vont se jouer, avec Napoléon et Blücher pour principaux acteurs, et pour spectateurs tous les peuples du monde. La ville de Soissons, deux fois attaquée et deux fois prise en moins d'un mois, ne semble pas devoir résister longtemps à l'ennemi. Dominée par les deux mamelons qui servent de lit à l'Aisne, abandonnée depuis vingt ans et plus, ne présentant que des remparts sans parapets, des brèches praticables sur tous les points du corps de place, un fossé presque effacé, des portes quasi toutes grandes ouvertes, son enceinte demande d'importants travaux de réparations, pour être mise à l'abri d'un coup de main.

Cependant, la position de cette place, à l'embranchement de plusieurs grandes communications, et commandant les routes de Château-Thierry, de Compiègne et de Rheims, en fait le meilleur poste qu'on puisse choisir entre la Marne et l'Oise pour couvrir Paris. Malheureusement l'état de ses fortifications ne se trouve pas en harmonie avec le rôle considérable qu'elles seront appelées à jouer dans la guerre actuelle, et, pour suppléer aux murailles absentes, il faut que la défense de cette ville soit confiée à l'énergie d'un officier qui ne calcule jamais avec la vie.

Napoléon, après avoir repris Soissons, que l'on considère à juste titre comme l'une des clefs de Paris, ordonne au duc de Feltre, ministre de la guerre, d'y envoyer, en qualité de commandant « un jeune officier supérieur, qui ait sa fortune militaire à faire ; le choix, ajoute-t-il, doit être aussi bon que possible, en raison de la haute importance du poste. » Le ministre consulte les derniers bulletins de l'armée, et y voyant plusieurs fois honorablement cité le nom du commandant Gérard, il n'hésite pas à lui confier un poste d'où dépend peut-être le sort de la France. Chef de bataillon au trente-deuxième régiment, officier de la légion d'honneur, le jeune commandant avait donné d'éclatantes preuves de valeur, à Polotsk, à Nogent-sur-Seine, à Mormant, et dans plusieurs autres occasions mémorables.

La tâche imposée au dévouement du chef de bataillon Gérard est difficile ; sa responsabilité immense ; deux précédents malheureux ont appris que Soissons capitule, même lorsqu'y commande le général de brigade Moreau ou le général de division Rusca ; n'importe ! Il accepte le poste auquel la confiance du ministre l'appelle, et cette confiance il ambitionne de la justifier par delà toutes les espérances. Le 10 mars, Gérard arrive donc à Soissons, et le général d'artillerie Neigre lui remet le commandement supérieur de la place, qu'il occupait lui-même provisoirement depuis quelques jours. D'un coup d'œil rapide le nouveau commandant découvre les avantages et les défauts de son poste, donne tous ses soins aux démolitions et aux travaux de première nécessité, et déclare aux habitants que, devant les préserver d'une troisième invasion, il est résolu à s'ensevelir sous les décombres de Soissons plutôt que de laisser le pied de l'ennemi en profaner encore le sol.

L'énergie de ce langage donne confiance aux troupes chargées de défendre la ville; et comme rien n'est plus communicatif que la confiance, le commandant se trouve bientôt entouré des sympathies les plus dévouées et les plus absolues de tous ceux qui doivent avec lui partager les périls d'un long siége.

Ici, qu'on me permette de laisser parler un écrivain militaire qui, ayant pu apprécier toutes les circonstances de la glorieuse défense de Soissons, la raconte ainsi :

« Le 12 mars, Napoléon ayant reconnu la place et l'état de sa situation, donna de nouveaux ordres et des instructions au commandant, à qui il accorda, sur sa demande, 40 bouches à feu, et trois mille hommes environ de toutes armes, dont 1,500 soldats de sa garde, pour conserver à tout prix une place sur laquelle il pût compter désormais; il désirait surtout que les défenseurs de Soissons forçassent l'ennemi à attaquer ce poste dans toutes les règles. Après avoir pris ainsi toutes les mesures qui pouvaient assurer sa défense, Napoléon partit le 14, laissant seulement pour couvrir Soissons le corps du maréchal duc de Trévise, qui prit possession sur des hauteurs en avant de Crouy. Comme il fallait accélérer les travaux les plus indispensables avant de livrer la place à ses propres forces, le maréchal eut ordre de fournir à cet effet tous les travailleurs dont il pouvait disposer. Dès le 15, celui-ci fut attaqué sans succès par des troupes bien supérieures aux siennes. Le 16 et le 17, il résista encore opiniâtrément, pour donner le temps au commandant Gérard de se disposer à recevoir l'ennemi ; mais le lendemain il s'éloigna en laissant la division Charpentier dans sa position pour faire l'arrière-garde.

» Le 16, les troupes de la garde impériale destinées à la

défense de Soissons, y étaient entrées pour se réunir à divers détachements, officiers et soldats isolés, qui s'y trouvaient déjà. Le commandant Gérard put alors former sa garnison, qui se trouva composée de six bataillons, deux escadrons, trois compagnies d'artillerie, et trois autres de sapeurs et mineurs.

» Le 18, le commandant Gérard passa une revue générale de la garnison, et assigna à chaque corps la portion de ligne qu'il devait défendre : il jura et fit jurer à tous de mourir plutôt que de laisser l'ennemi pénétrer dans la place. Dès ce moment, l'émulation redouble ; il n'y a plus de repos, et, jour et nuit, les travaux défensifs sont poussés avec la dernière activité, activité qui se soutint pendant toute la durée du siége, parce que les nobles sentiments qui animaient le commandant et les autorités civiles étaient passés dans le cœur de tous les soldats, de toute la population de Soissons.

» Des parapets à l'épreuve de la balle étaient élevés, dès le 20, sur tout le pourtour de la place ; les batteries étaient construites, l'artillerie placée, les brèches réparées et fermées par des palissades ; la gorge de Saint-Vast crénelée, et ses abords, par la berne de la rivière, garantis par une ligne de palissades en troncs d'arbres, les démolitions les plus indispensables à exécuter et les moins coûteuses pour l'Etat et pour les malheureux habitants, terminées. Enfin une digue en aval du pont de la porte de Laon se trouvait construite pour arrêter les eaux du ruisseau de Saint-Médard, dans les fossés de Saint-Vast et dans le Mail. On construisait une palanque à la porte de Crouy, et des tambours en palissades devant les portes du Mail, de Paris et de Reims. Quelques coupures furent faites ou projetées en avant de toutes les portes, 6,000 sacs à terre, commandés. Le pont de bateaux était replié, et tout avait été disposé pour faire sauter le pont en pierres, dans le cas prévu de la perte d'une des deux parties de la ville.

» Le même jour 20, le général Charpentier écrivit de Braine au commandant Gérard, qu'il était prévenu de l'abandon de Reims par le corps du duc de Trévise ; que tout portait à croire que l'armée entière de Blucher était en présence ; que le duc de Raguse avait dû se replier sur Fismes ; que ces deux maréchaux allaient prendre la position du Mont-Saint-Martin, sur la Vesle ; qu'ils essaieraient de s'y maintenir toute la journée du lendemain, et que, dans le cas où ils devraient céder à la supériorité du nombre, il se retireraient sur Oulchy-la-Ville, point de retraite où sa division (celle de Charpentier) devait également se rendre. Le général ajoutait que le duc de Trévise le chargeait, par sa lettre, de rappeler au commandant l'importance du poste qui lui était confié ; qu'il devait faire une vigoureuse résistance, et donner à l'empereur, alors en pleine opération sur l'armée de Schwratzenberg, le temps de se reporter promptement sur l'Aisne.

» La place de Soissons, réduite à ses propres forces, fut investie et sommée par le général Bulow, qui, venant d'être rejoint à Crouy par le corps de Sacken, avait alors sous ses ordres une masse de trente mille hommes. Dans la soirée du 20 mars, le général prussien, se flattant sans doute d'enlever Soissons aussi facilement que l'avait fait le général russe Wittzingerode, envoya des parlementaires ; le commandant Gérard, refusant de recevoir leurs dépêches, les fit accompagner jusqu'au camp d'où ils étaient partis, par deux officiers de la garnison, qui eurent ordre d'annoncer au général Bulow que le commandant de Soissons « ne voulait avoir des correspondances avec l'ennemi qu'à coups de canon. » Cette réponse ne laissant entrevoir aucune négociation, l'ennemi démasqua plusieurs batteries, et couvrit la ville d'obus et de boulets rouges, en même temps qu'il faisait attaquer de vive force le faubourg de Paris, contre lequel il échoua.

» Les travaux d'attaque et de défense se firent alors sous

un feu continuel et réciproque. La garnison, fière d'un premier avantage, redoubla de zèle, d'ardeur et de confiance; les habitants flottaient entre la crainte et l'espérance. Le commandant Gérard saisit ce moment pour faire appel aux braves citoyens; il leur annonça qu'il répondait de la place, et qu'en unissant leurs efforts à ceux de la garnison, il ne voulait assurer qu'un plus glorieux succès; il déclara au conseil qu'une demi-résistance perdrait infailliblement Soissons et tous ses habitants; qu'il n'y avait pas à balancer pour lui fournir tout ce qu'il demanderait, bien résolu de se maintenir contre tous les efforts de l'ennemi, même s'il osait donner l'assaut.

» Cependant le général Bulow avait reçu, par le maréchal Blucher, l'ordre positif de l'empereur Alexandre d'enlever Soissons, pour aussitôt marcher sur Paris. Il envoya à cette occasion de nouveaux parlementaires, qui ne furent pas mieux reçus que les premiers, ce qui le détermina à tenter une seconde attaque; mais il trouva partout la garnison à son poste, et ses plus braves soldats vinrent expirer au pied des remparts. Son infanterie légère ayant réussi à s'emparer du faubourg de Reims, voulait le conserver et s'y retrancher; Gérard ordonna une sortie; le faubourg est repris, et les jeunes soldats de la garnison font connaître aux habitants, par l'entrée des prisonniers qu'ils ont enlevés à l'ennemi, la valeur et l'humanité qui doivent les distinguer pendant toute la durée du siége de Soissons.

» Dans cette même journée, le 22, l'ennemi ne cessa point de tirer sur la ville, et son feu augmenta, s'il était possible, l'ardeur avec laquelle on travaillait sur tous les points. La partie du faubourg de Reims la plus rapprochée des remparts et bâtie sur le bord des fossés de la place, fut incendiée et détruite, comme mesure essentielle de défense, seulement jusqu'au pont sur le ruisseau de la Crise, où l'on fit une coupure.

» La nouvelle tentative de l'ennemi étant restée sans succès, le corps russe de Sacken quitta le général Bulow. Celui-ci, malgré les injonctions réitérées qu'il recevait pour hâter la reddition d'une bicoque dont la position était d'une si haute importance pour les alliés, écrivit alors à Blucher qu'il renonçait à l'espoir de l'enlever de vive force, attendu que cela était impossible; mais qu'il allait commencer, avec la plus la plus grande activité, une attaque régulière.

» En effet, le 23, il ouvrit à deux cents toises une tranchée sur le front Saint-Jean. Le commandant d'artillerie Dubocq fit placer aussitôt des obusiers et des pierriers, dont les affûts étaient en réparation, dans le bastion attaqué. Cette batterie couvrit bientôt la tranchée de l'assiégeant des pierres qu'elle lançait.

» Le 24, l'ennemi ayant pénétré en force dans le faubourg Saint-Christophe, s'y établit. Son premier soin fut de créneler les maisons dont il était maître, en même temps qu'une batterie s'élevait en arrière sur la route de Compiègne. Bientôt ses tirailleurs abrités firent un feu continuel sur la porte de Paris et une batterie fut construite sur la plate-forme; il les fit appuyer par une forte colonne d'infanterie. Ces dispositions supposaient l'intention, ou d'attaquer vigoureusement pendant la nuit, ou d'établir en toute hâte, derrière les maisons, des batteries qui devaient donner à l'ennemi la facilité d'enfoncer la porte menacée, et devant laquelle les assiégés travaillaient seulement à épaissir le parapet en avant du tambour qui la couvrait. En conséquence, le commandant Gérard résolut de faire une nouvelle sortie par les portes de Reims et de Paris; elle s'exécuta avec succès. Les travailleurs, surpris, abandonnèrent leurs tranchées sans grande résistance; on y fit des prisonniers. L'ennemi fut entièrement chassé du faubourg, et l'on mit le feu aux maisons les plus rapprochées de la porte de Paris.

» L'ennemi, pour se venger de cet échec, tira, pendant toute la nuit du 24 au 25, une grande quantité d'obus; mais, trompé par la partie du faubourg incendié, il les dirigea de ce côté, de sorte que la ville en souffrit peu. Il tenta aussi, dans la même nuit, une attaque contre la porte de Crouy ; il y fut mal reçu.

» Le commandant Gérard fut prévenu que les Prussiens réunissaient sur plusieurs points une grande quantité d'échelles d'assaut ; mais déjà cent longues piques se fabriquaient dans la place, par les soins du chef de bataillon Dubocq, pour la défense des brèches, et presque tous les matériaux nécessaires étaient rassemblés pour les rendre insurmontables.

» Le 25, les habitants, prenant confiance dans les dispositions des chefs et dans la valeur des troupes, touchés d'ailleurs du noble dévouement qu'ils voyaient dans chacun de leurs défenseurs, qui ne pouvaient prendre un seul instant de repos, obtempérèrent spontanément à l'invitation faite par le commandant Gérard, de joindre leurs bras aux efforts patriotiques d'une garnison, qui sacrifiait si généreusement sa vie pour soutenir l'honneur des armes françaises, et sauver leur ville d'une troisième invasion de l'ennemi. Dès que le commandant connut la résolution des habitants, il adressa au sous-préfet et au conseil municipal une simple réquisition de deux cents volontaires pour concourir à la défense de leur cité. Ils furent aussitôt à la disposition du commandant supérieur, qui les organisa en trois compagnies de sapeurs bourgeois ; celles-ci nommèrent leurs officiers, mais elles furent dirigées par des officiers de l'armée, et placées immédiatement sous la direction du commandant du génie, pour être employées aux travaux intérieurs de la place.

» La garde nationale urbaine, aux ordres du commandant d'armes Ormancin, était destinée au service de la police intérieure. Ses quatre sections de pompiers surtout apportaient la plus grande vigilance contre les incendies, dont la ville eut le bonheur d'être préservée : tous les habitants, ayant des tonneaux remplis d'eau devant leurs maisons et à tous les étages, éteignaient sans crainte le feu qu'occasionnaient les projectiles de l'assiégeant.

» Le 26, le général Bulow envoya un nouveau parlementaire, auquel il fut défendu d'approcher des portes, et qui reçut l'injonction de s'éloigner au plus vite. Les assiégés achevèrent de se couvrir tour à tour de la place et de mettre les parapets à l'épreuve du canon. On termina la palanque de la porte de Crouy, et l'on commença une tranchée large et profonde au pied des remparts de l'Arquebuse, ainsi qu'en avant de la palissade terminée pour joindre le mur du jardin de la Sénatorerie à la rivière. Il y eut une fausse sortie de nuit.

» Cependant, malgré le feu le plus vif de la place et les sorties de la garnison, les travaux d'approche avançaient sur le bastion n° 2; et, pendant la nuit du 27 au 28, l'assiégeant était parvenu au bord du fossé, et avait achevé le couronnement de la contrescarpe; il se croyait déjà maître de la place : la situation des assiégés devenait sérieuse et difficile; il fallut redoubler de bravoure, d'activité et d'audace. C'est dans cette circonstance que parut le parlementaire dont nous venons de parler plus haut. Les troupes de la garnison, dans la confiance intime que leur inspirait le commandant Gérard, qu'elles voyaient partout, renouvelèrent le serment de soutenir l'assaut, de le repousser, et de mourir plutôt que de voir l'ennemi pénétrer dans les murs confiés à leur vaillance. Le commandant se détermina à faire une forte sortie pour reconnaître les ouvrages des assiégeants, et les détruire, s'il était possible. La garnison, qui n'excédait pas le nombre de deux mille cinq cents hommes, reçut l'ordre de se disposer à fondre sur l'ennemi.

» Le 28, à quatre heures du soir, les corps rassemblés sont harangués par le chef infatigable de qui ils recherchent l'estime et le suffrage. L'action doit être décisive : les troupes de la vieille garde, les mineurs et un escadron de gendarmerie restent en réserve à la porte de Paris; les canonniers sont à leurs pièces. Après le signal convenu d'une décharge de vingt pièces de canon, qui couvrent de leur mitraille les tranchées et le faubourg Saint-Christophe, le commandant Gérard, à la tête du reste de la garnison, attaque l'ennemi avec tant d'impétuosité, que celui-ci, dans sa surprise, ne peut résister au choc; les travailleurs sont tués ou pris dans les tranchées, les gardes et les réserves sont culbutées et mises en fuite. L'escadron de la garde impériale fait une très-belle charge dans le faubourg; il eût ramené deux pièces de canon, si le lieutenant Spies, qui le commandait, n'avait pas eu son cheval tué sous lui en avant de sa troupe. Plusieurs maisons barricadées tenaient encore : rien ne put arrêter les vieux grenadiers et chasseurs de la garde; ils se précipitent sur ces maisons, arrachant les fusils des Prussiens à travers les créneaux, et tuent leurs adversaires à coups de baïonnette ou de sabre. Toute la réserve se porte alors en avant des dernières maisons pour protéger les travailleurs chargés de détruire les ouvrages de l'ennemi. C'est en vain que celui-ci fait avancer de nouvelles troupes pour reprendre le faubourg. Le commandant Gérard ordonna un mouvement rétrograde, pour attirer ces masses sous la mitraille des remparts : elles en éprouvèrent un mal prodigieux. L'artillerie, qui avait protégé si efficacement la sortie, ne fut jamais mieux servie : les sapeurs et mineurs rivalisaient de valeur avec la vieille garde; les commandants d'artillerie et du génie étaient partout. Cette journée coûta au corps prussien de Bulow près de neuf cents hommes, avec la perte de leurs tranchées et batteries, que les assiégés s'empressèrent de détruire, ainsi que le faubourg Saint-Christophe, qui fut incendié. On ramena dans la place une cinquantaine de prisonniers : la garnison n'avait pas plus de quatre-vingts hommes hors de combat.

» La rentrée dans la place se fit dans le meilleur ordre et

au milieu des acclamations des habitants. Toutes les troupes étant réunies en colonnes serrées sur la place d'armes, le commandant Gérard donna de justes éloges aux officiers qui avaient le plus contribué au succès de la journée ; il demanda à chaque chef de corps l'état de ceux qui s'étaient le plus distingués, pour mettre leurs noms sous les yeux du gouvernement ; et, en présence des habitants et des prisonniers faits dans le combat, il se saisit du drapeau de l'un des bataillons victorieux, en s'écriant avec l'accent de l'enthousiasme qu'inspire le plus entier dévouement : « Soldats ! l'armée a les yeux sur nous : nous couvrons la capitale de l'empire ; jurons encore sur ce drapeau de justifier la confiance de notre gouvernement, en défendant jusqu'à la mort le poste qu'il nous a confié. » Un nouveau serment solennel est prononcé et répété par les troupes. L'ordre du jour du commandant supérieur proclama les noms de ceux qui s'étaient distingués le plus.

» Pendant la nuit du 28 au 29, l'ennemi continua de donner des alertes sur différents points, pour fatiguer la garnison. Au jour, il travailla beaucoup encore dans toutes ses tranchées, et il acheva une batterie de quatre pièces sur la capitale du bastion n° 2 ; il envoya un nouveau parlementaire, qui fut refusé : enfin, ayant réparé dans cette même journée une partie des dégâts de la veille, l'ennemi, favorisé par l'obscurité de la nuit du 29 au 30, exécuta le passage blindé du fossé ; mais un feu très-vif contraria cette opération ; une pluie de fascines goudronnées, lancées du haut du rempart, consuma ses travaux et ses approvisionnements. Du bois, du goudron, du suif, de la poix, de la résine et du souffre avaient été requis à cet effet dans la ville, et fournis à l'instant. On entretint ce feu pendant toute la nuit, et on le rendit inabordable, en faisant rouler, de temps en temps, des obus du haut en bas des remparts.

» Au jour, le feu de la place, mieux dirigé, força l'ennemi à retirer ses travailleurs ; de nouvelles batteries furent construites pour battre le fossé avec des pièces de 12, qui commencèrent à tirer à quatre heures du soir, tandis que les pierriers n'avaient point cessé, pendant toute la journée, d'accabler la tranchée des assiégeants d'une pluie de pierres qui les incommodait beaucoup.

» Le 31, au lever de l'aurore, on s'aperçut, avec autant de joie que de surprise, que l'ennemi venait d'abandonner ses tranchées, et de retirer les pièces de toutes ses batteries. Plus tard, on vit les troupes prussiennes en position sur les hauteurs qui environnent Soissons, n'ayant plus que de petits postes et des vedettes dans la plaine ; des colonnes paraissaient filer du côté de Paris et de Compiègne.

» Le commandant du génie Bergère alla sur-le-champ reconnaître les travaux de l'assiégeant, à la tête d'une colonne de cinq cents hommes d'infanterie et toute la cavalerie (cent quarante chevaux environ), les sapeurs, les mineurs, 300 travailleurs et les sapeurs bourgeois furent aussitôt employés à la destruction de ces ouvrages. On combla toutes les tranchées, desquelles on rapporta quatre à cinq cents outils abandonnés par l'ennemi. On renversa ses batteries, on abattit le parc Beuvry, les maisons et les murs qui pouvaient servir à l'assiégeant ; on s'empressa aussi de rentrer dans la place plusieurs centaines de gabions, de saucissons, de fascines, et d'autres matériaux qu'il avait réunis au dépôt de la tranchée. L'ennemi ne fit agir contre les travailleurs que du canon, dont la mitraille blessa quelques hommes. Les travaux intérieurs furent continués comme à l'ordinaire.

» On entendit, le 1er avril, une forte canonnade dans la direction de Compiègne. L'ennemi, retiré sur les hauteurs de Crouy et de Presle, resta en position toute la journée ; il commença deux grandes batteries sur la dernière de ces hauteurs, de laquelle il ne cessa de tirer, pendant cette même journée, à boulets et à mitraille, sur les travailleurs qui achevaient de détruire ses ouvrages. Les assiégés eurent deux sapeurs tués et quelques blessés.

» Les 2, 3, 4 et 5, on continua les travaux de l'intérieur et les démolitions de l'extérieur.

» De tristes rumeurs annonçaient que Paris était rendu, sans avoir fait tout ce qu'il était possible de faire pour donner à l'empereur le temps d'y accourir et de battre l'ennemi, dont la retraite eût été la défaite de l'armée coalisée. La garnison de Soissons ne pouvait et ne devait point admettre le bruit d'un fait aussi immense. Au reste, elle avait à tenir son serment et ne voulait point abandonner l'empereur trahi par le sort des batailles ou par l'impéritie de ses lieutenants.

» Les défenseurs de Soissons n'avaient plus la séduction des récompenses ; ils n'entrevoyaient plus la réalisation des destinées qui, quelques jours plus tôt, semblaient devoir rémunérer leur dévouement à la France ; mais ils avaient l'ambition de servir le pays, même alors qu'il était occupé par les armées européennes. Ils accomplirent noblement leur grande tâche, et si le nouveau gouvernement devait blâmer la générosité d'une telle conduite, l'armée et la France n'hésitèrent pas à applaudir à la manière glorieuse dont avait été appliqué, dans cette mémorable circonstance, *le principe militaire sur la défense des places.*

» Le 6 avril, l'ennemi, retranché dans Crouy, avait crénelé les premières maisons et fortifiait sa position sur la montagne. Le commandant Gérard, ayant besoin de faire des fourrages, voulut connaître la force qui pouvait lui être opposée sur ce point. Deux heures avant la nuit, il fit sortir six cents hommes et une pièce de canon, sous les ordres du major Braun, qui se portèrent franchement jusqu'à l'entrée du village. Après avoir replié les avant-postes de l'ennemi, ils le tournèrent par sa gauche et chassèrent un bataillon qui devait le protéger de ce côté ; mais les troupes qui étaient sur la hauteur ayant pris les armes, et s'étant avancées avec trois pièces de canon, le major Braun reconnut l'impossibilité de remplir le but de la sortie : il se tint en position jusqu'à la nuit, un peu en arrière du village, et rentra ensuite en bon ordre.

» Le 7, l'ennemi envoya, par un paysan, au commandant supérieur, deux lettres, que celui-ci refusa de recevoir. Le lendemain, un parlementaire, qui se disait envoyé par le nouveau ministre de la guerre, fut également refusé.

» Le 10, le commandant Gérard eut l'avis qu'un convoi, escorté par quelques cavaliers prussiens, était à Venizel ; il chargea le brave lieutenant des lanciers de la garde impériale, Spies, de l'enlever. L'escorte ennemie et une vingtaine de chevaux furent pris et conduits dans la place.

» Les 11 et 14 avril, la garnison fit ses dernières sorties sur l'ennemi ; jusqu'à cette époque, son zèle ne s'était pas ralenti dans tous les travaux qu'avait nécessités la défense de la place.

» Le 14, dans l'après-midi le général A. d'Aboville, porteur des actes du gouvernement provisoire, fut admis dans Soissons ; il remit au commandant Gérard la lettre suivante :

A M. le commandant supérieur de Soissons.

« Le gouvernement provisoire vous envoie la relation fi-
» dèle et authentique des événements dont Paris a été le té-
» moin depuis plusieurs jours. Dans le nombre de ces pièces,
» vous remarquerez le décret du sénat qui prononce la dé-
» chéance de Napoléon et de sa famille, l'acte constitutionnel
» qui rappelle sur le trône de France les héritiers légitimes et
» les descendants de saint Louis et de Henri IV, et les adhé-
» sions unanimes des magistrats, des généraux, des officiers
» et des soldats qui se dévouent sans réserve à la sainte
» cause de la patrie : vous y trouverez aussi la copie légalisée
» de l'acte d'abdication que Napoléon Bonaparte a signé à
» Fontainebleau, le 11 avril présent mois.

» Quel prétexte pourrait maintenant vous empêcher encore
» de manifester les mêmes sentiments ? Tout retard est un
» crime de rébellion, quand la conscience est éclairée par la
» raison et les exemples les plus imposants.

» La patrie vous ordonne de cesser le scandale d'une ré-
» sistance qui afflige les cœurs vraiment français, et de
» vous réunir au plus tôt à ses enfants.

» J'ai l'honneur de vous saluer.

» Paris, ce 13 avril 1814.

» MONTESQUIOU, LE DUC D'ALBERG, LE GÉNÉRAL
» COMTE DE BEURNONVILLE, LE PRINCE
» DE BÉNÉVENT.

» *Le secrétaire-général du gouvernement provisoire*,

» DUPONT DE NEMOURS. »

» Le 15, le commandant Gérard conclut un armistice avec les troupes du blocus, et envoya à Paris le commandant du génie Bergère (1), qui avait toute sa confiance, pour s'assurer de l'état des choses. Le 16, il reçut les actes officiels de la déchéance et de l'abdication de Napoléon. Après avoir donné connaissance de ces pièces aux troupes de la garnison, il remit, *à dix heures et demie du soir*, son adhésion et celle de tous les corps français sous ses ordres, au général d'Aboville, chargé de la présenter au gouvernement.

» Le 22, il fit *une convention* avec le lieutenant-général prussien de Borstel, commandant les troupes du blocus. Un article remarquable de cette convention portait qu'*un pont de bateaux serait établi sur l'Aisne, à cent toises au-dessous du pont en pierres, et sous le canon de la place, pour le passage des troupes alliées;* de sorte que pas un seul ennemi n'entra dans Soissons. Une condition aussi glorieuse

---

(1) Aujourd'hui général du génie.

préservait cette malheureuse ville, prise et reprise trois fois dans l'espace d'un mois, d'une nouvelle occupation par l'ennemi, et sauvait l'honneur des armes françaises, surtout celui de la brave garnison qui l'avait défendue avec tant de résolution.

» C'est ainsi que se termina le siége de Soissons. Cette place, fortifiée si précipitamment et si imparfaitement, avait soutenu *neuf jours de tranchée ouverte*. L'ennemi avait perdu sous ses murs plus de deux mille hommes. »

Là s'arrête le récit historique que j'ai voulu reproduire. Il est nécessaire de le compléter par ce fait que le lieutenant-général russe de Balk, tandis que sa division de dix mille hommes passait la première sur le pont jeté hors des murs de la ville, pour la traversée des troupes alliées, demanda et obtint son entrée personnelle dans la place, pour complimenter le commandant Gérard sur sa belle défense. Le général visita avec soin les travaux intérieurs de Soissons, et il lui déclara, en lui pressant chaleureusement la main, que la gloire d'avoir préservé une ville si vivement attaquée et si incomplétement fortifiée, était préférable à celle de gagner une bataille rangée.

Le jeune commandant, après avoir été remercié avec effusion par les Soissonnais, alla à Paris, où il obtint les témoignages les plus honorables et les plus sympathiques de l'estime publique. Il reçut du maréchal prince de Wagram, une lettre que je ne veux pas oublier de transcrire. La voici :

« Monsieur le chef de bataillon Gérard, je me fais un plaisir de répondre d'une manière satisfaisante à votre lettre d'hier. ... Comme major-général, j'atteste que vous avez défendu la place de Soissons, où vous commandiez en chef, avec bravoure et distinction contre un corps d'environ vingt mille hommes, n'ayant qu'une faible garnison renfermée dans cette ville, à peine à l'abri d'un coup de main. *Vous avez soutenu l'honneur des armes françaises*; votre zèle, votre dévouement et votre conduite vous ont gagné l'estime de vos chefs, et vous donnent des droits à la bienveillance du roi.

» Recevez, etc.

» Le prince de Wagram ALEXANDRE. »

Quelques semaines auparavant, c'est-à-dire le 30 décembre 1814, le maréchal Soult, alors ministre de la guerre, avait remis au roi un rapport circonstancié sur le siége de Soissons. Ce rapport, établi par la division du génie, et conçu dans les termes les plus honorables pour le jeune commandant, fut favorablement accueilli, et Louis XVIII paya la dette de la France, en nommant Gérard colonel. Le général Durrieu était chef du personnel. En outre de son brevet, le ministre lui fit adresser une lettre de satisfaction et une gratification sur la caisse de l'armée, gratification méritée par le désintéressement absolu du défenseur de Soissons, pendant toute la durée du siége.

A ce propos, je dois dire que le commandant Gérard est le dernier chef de bataillon qui ait été nommé colonel sans avoir occupé le grade immédiatement inférieur.

Cependant le règne de Louis XVIII devait être éphémère, et le vieux roi avait, avant que de mourir sur la terre natale, à fatiguer une fois encore les routes de l'exil. L'épisode des Cent-Jours était proche; le fugitif de l'île d'Elbe accourait défier l'Europe à une lutte nouvelle, dont l'issue allait être encore fatale à nos armes.

Reçu avec enthousiasme par les débris de ses vieilles légions, subjuguant du regard ceux-là qui essayaient de lui résister, Napoléon marchait triomphalement sur Paris. A cet instant où tant de fidélités étaient chancelantes, où tant de serments étaient trahis, le gouvernement du roi avait besoin de quelques loyaux serviteurs, à la foi desquels il pût confier des postes importants. Le duc de Feltre, rentré seulement au ministère depuis trois jours (M. le général Durrieu resté chef du personnel), se rappela qu'en pareille circonstance, il avait désigné à l'empereur lui-même, Gérard pour aller défendre Soissons. Il manda aussitôt le jeune officier, et, après avoir interrogé son dévouement, il lui remit le commandement en chef de Sens.

Mais les événements marchaient avec une rapidité qui tenait du prodige, et lorsque, à peine arrivé à son poste, il veut s'entourer d'éléments suffisants de défense, le colonel se voit abandonné à la fois par le conseil municipal, la garde nationale, la garnison elle-même, qui déjà s'est rangée sous les drapeaux du proscrit victorieux : aussi se trouve-t-il bientôt seul en face de l'empereur, que des acclamations unanimes environnent. Précédé et suivi d'ardentes sympathies, Napoléon, par sa seule présence, évoque les souvenirs de Polotsk, de Mormant et de Soissons ; son attitude semble commander à la gloire ; son regard essaie d'affirmer que de grandes destinées sont encore promises à l'empire et à ses défenseurs : rien ne peut ébranler la fidélité du colonel, qui, jusqu'à la fin, demeure esclave de la parole donnée au duc de Feltre, disant à l'empereur : « Sire, j'ai été envoyé
» par le roi pour m'opposer à votre passage à Sens. J'ai
» fait tous mes efforts, et je n'ai pu empêcher votre entrée
» dans la ville, puisque je suis resté seul. On m'a arrêté, et
» je suis votre prisonnier. »

Il y avait là plus de trente mille personnes, accourues des environs de Sens, pour voir passer l'empereur.

Napoléon, qui se connaissait en hommes de loyauté et de véritable courage, sut apprécier cette noble conduite ; il en ressentit une émotion vive, que remarquèrent le maréchal Bertrand, placé près de lui, et ceux qui entouraient la calèche impériale ; et, plein d'admiration pour ce respect antique de la foi jurée, il saisit une occasion prochaine de donner au colonel Gérard un éclatant témoignage de sa haute confiance.

En effet, lorsque le colonel vit les armées de l'Europe se coaliser de nouveau contre la France, lorsque l'intégrité du territoire fut encore une fois menacée, lorsque de grands dangers se préparaient pour les défenseurs du pays, il alla, le 10 avril, aux Tuileries, faire sa soumission à l'empereur et lui offrir ses services. Il reçut l'accueil le plus honorable et le plus flatteur ; et en réponse à la proposition de récompenses présentée par Gérard, en faveur des braves qui s'étaient distingués sous ses ordres, pendant le siége de Soissons, Napoléon accorda, dès le lendemain, par décret spécial, les vingt-six décorations demandées.

Le même jour, le maréchal Bertrand adressa au colonel les lettres de nomination de la Légion-d'Honneur, en le chargeant de les remettre lui-même aux braves qu'il avait désignés ; — distinction insigne, jusqu'alors réservée aux seuls généraux en chef.

Bientôt la vie des camps recommença pour Napoléon, à qui il était réservé de perdre une dernière partie contre l'Europe. L'empereur, organisant d'avance la bataille et calculant ses éventualités, voulait, dans sa nouvelle campagne, de vaillants officiers pour occuper ses places d'appui ou de retraite, et il donna au colonel mission de défendre une fois encore le poste que son dévouement et son héroïsme avaient remis intact à la France. Obéissant à la direction imprimée à son zèle et à son courage, Gérard alla donc prendre, pour la seconde fois, le commandement supérieur de Soissons, position qui devait servir comme de rempart à Paris. Le ministre de la guerre avait mis à sa disposition soixante-quinze pièces de canon et quatre mille hommes de troupes, dont deux régiments de la garde, avec injonction de construire tous les ouvrages nécessaires pour mettre la place dans une situation respectable.

Dès que le colonel est arrivé à son poste, il demande au ministre de lui envoyer le lieutenant-colonel Bergier pour commander l'artillerie, et le chef de bataillon Bergère pour commander le génie. Malheureusement ses travaux, poussés avec vigueur, furent rendus inutiles par la marche précipitée des événements. Le 18 juin, Napoléon tombait empereur à Waterloo pour ne plus se relever que captif à Sainte-Hélène !

Cependant, et malgré l'invasion de la France, le commandant supérieur de Soissons se maintint à son poste, qu'il sut faire respecter par l'étranger. Le 17 juillet, après avoir provoqué et reçu les ordres du général en chef de l'armée française, le prince d'Echmüll (1), il fit reconnaître dans la ville l'autorité du roi, et conserva toute son artillerie et ses nombreux magasins jusqu'au 6 août suivant, époque à laquelle le ministre de la guerre, maréchal Gouvion-Saint-Cyr, lui prescrivit de remettre son commandement au maréchal-de-camp comte Grundler.

---

(1) Le commandant supérieur ayant, à l'occasion d'une prise d'armes, réuni les officiers de la garnison autour de lui, demanda celui qui voudrait se dévouer pour une mission qui n'était pas non plus sans périls, puisqu'il s'agissait de traverser l'armée ennemie avec des dépêches. Plusieurs se proposèrent aussitôt. Le capitaine Gentil, d'un régiment de la jeune garde impériale, ayant parlé le premier, obtint la préférence. A l'aide d'un déguisement bourgeois, et après avoir effectivement traversé l'armée prussienne, il arriva sur la Loire, attacha ses papiers et ses vêtements sur sa tête, passa le fleuve à la nage et eut le bonheur de remettre intactes ses dépêches dans les mains du général en chef de l'armée française.

Le maréchal prince d'Echmüll, après avoir parfaitement reçu et complimenté le capitaine Gentil sur son dévouement, lui remit sa réponse, aussi honorable que flatteuse pour la garnison de Soissons. Celui-ci, attendu avec impatience et anxiété, revint sans accident, à la grande joie de tous ses camamarades et particulièrement du colonel Gérard, qui, dans ces graves circonstances, l'avait envoyé chercher les ordres qu'il tenait infiniment à recevoir de son chef direct. Ces ordres portaient de faire comme l'armée de la Loire elle-même avait fait, de reconnaître l'autorité de Louis XVIII.

Pour avoir si bien rempli sa mission, le capitaine Gentil fut nommé officier de la Légion-d'Honneur, le 17 juillet 1815.

Aujourd'hui il est général de division.

4.

De la sorte, du moins, le colonel Gérard rendit tout entier au pays le dépôt précieux et sacré que l'empereur avait confié à sa valeur!

Plus haut, en parlant du glorieux passé du défenseur de Soissons, j'ai évoqué les souvenirs de Polotsk. Que l'on me permette de rappeler désormais avec quelques détails cette brillante journée, dans laquelle le colonel-général Gouvion-Saint-Cyr gagna le bâton de maréchal, et où Gérard sut conquérir des titres précieux à l'admiration de tout le 2° corps d'armée, auquel il appartenait.

L'empereur mettait à exécution ce rêve fantastique de la conquête de toutes les Russies. Merveilleusement secondé par ses lieutenants, il marchait à pas de géant pendant les grandes chaleurs, vers les steppes glaciales du Nord. Cependant le duc de Reggio, rangé sous Polotsk, voyait ses troupes sans cesse inquiétées par l'ennemi, et déjà la garnison de Dunabourg étant venue renforcer le corps russe du général Wittgenstein, ce général en chef avait livré au maréchal un combat qui dura deux jours. L'attaque, vigoureuse et habile à la fois, était néanmoins demeurée infructueuse, et le corps d'armée français avait gardé toutes ses positions.

Il n'est personne qui ne connaisse la bienveillance, l'esprit de justice et la bravoure éclatante du valeureux Oudinot, le général en chef des Grenadiers-Réunis. Le maréchal duc de Reggio, tant de fois heureux quant à la gloire, tant de fois atteint fatalement par le feu de l'ennemi, voulut profiter de son premier succès et résolut d'acculer les Russes au défilé de Polotsk; mais atteint d'une balle à l'épaule, le 17, il se vit dans la nécessité de se faire remplacer par le colonel-général comte Gouvion-Saint-Cyr, qui obligea l'ennemi à se replier au-delà du défilé, après un glorieux combat.

Cependant, le 18 août, Gouvion-Saint-Cyr trouva campée sur la Dwina, l'armée ennemie, forte de 45,000 hommes.

Cette armée, chargée de couvrir St-Pétersbourg, était commandée par le général en chef Wittgenstein. Gouvion-Saint-Cyr, à la tête des 2e et 6e corps, dont l'effectif ne dépassait pas 20,000 hommes, reconnut qu'il y avait nécessité d'attaquer en masse l'armée russe et de la couper par son centre; les généraux en sont prévenus, et des ordres sont donnés pour la disposition des troupes, qui doivent précipitamment sortir de leurs ravins, se former aussitôt, sous le feu de l'ennemi, en colonne d'attaque par régiments, prendre le pas de charge et la direction du quartier-général russe établi à la ferme de Prismenitz. Il s'agit de gagner ou de perdre une bataille. A quatre heures précises du soir, au signal convenu d'une décharge de trente coups de canon, tirés par le corps d'armée bavarois, le colonel-général, sans nulle hésitation, fait attaquer toute la ligne russe, appuyée de 108 pièces d'artillerie, se battant avec le courage du désespoir, et multipliant ses efforts, pour maintenir la position qu'elle occupe en avant de la ferme. Cette ferme était couverte par 20 pièces bien servies, dont la mitraille écrasait nos colonnes, qui tout-à-coup s'arrêtèrent indécises. A cet instant, l'ennemi dut se croire inexpugnable, et, en effet, peut-être l'attaque fût-elle demeurée stérile, sans un trait d'héroïsme qui décida de la journée, et ne contribua pas peu à ranger encore une fois la victoire sous nos drapeaux.

Ce trait que l'histoire a enregistré, et dont la vérité des détails est affirmée par les plus hautes et les plus honorables attestations, le voici :

Le capitaine Gérard, aide-de-camp du général Pouget, se trouvait à la tête de la colonne d'attaque, au moment où une grêle de mitraille, lancée par neuf pièces de douze, vomissait la mort dans les rangs français et semblait devoir anéantir les efforts prodigieux de nos troupes. Ce brave officier, dit le *Dictionnaire des Batailles*, pour prévenir un mouvement rétrograde qui nous eût été funeste, tout-à-coup saisi d'une inspiration généreuse, demande le fanion rouge du cent vingt-quatrième régiment, le présente à l'armée, et bravant une mort certaine, il se porte au galop à plus de cent pas des premières colonnes, aux cris de : *La charge! En avant! Vive la gloire de l'armée*! Ce noble dévouement électrise les régiments qui forment la gauche de la ligne ; ils croisent la baïonnette et s'élancent franchement au pas de course sur les colonnes ennemies, qui, quoiqu'en mouvement, infanterie et cavalerie, ne peuvent résister à la charge générale et décisive de l'armée française. Mais ce premier succès ne suffit pas à la gloire ambitieuse du capitaine, qui, seul, au galop, à travers la mitraille, les balles et les baïonnettes, va couper la batterie russe, tue de son épée un canonnier et plante son étendart sur cette belle artillerie, dont neuf pièces demeurent au pouvoir des Français, comme premier trophée de la victoire.

Parmi les nombreux blessés et les morts qui tombèrent sur ce champ de bataille de Polotsk, au fort de l'action, le général de brigade Fouget fut renversé d'un coup de feu qui tua son cheval. Trois colonels furent tués dans cette même charge, à la tête de leurs régiments: Aubry, Mayot, des 19me et 37me régiments d'infanterie de ligne, et Lebrun, du 5me régiment de lanciers ; tous furent regrettés de l'armée.

L'action d'éclat du capitaine Gérard, si heureusement complétée par l'ardeur de l'armée française, eut des résultats considérables. L'empereur, après avoir, de son côté, enlevé Smolensk, défendu avec une vive opiniatreté par les Russes, put s'avancer sans se préoccuper de l'armée de Pétersbourg, foudroyée à Polotsk, — et, bientôt vainqueur dans la grande bataille de la Moskowa, il entra dans la capitale de toutes les Russies, où il vit son triomphe éclairé par l'incendie le plus sinistre et le plus fatal dont l'histoire ait gardé le souvenir.

Les officiers qui furent témoins de la valeur dont Gérard fit preuve en cette circonstance mémorable, s'unirent spontanément dans une commune pensée, et presque sur le champ de bataille ils rédigèrent la pièce suivante que les annalistes militaires ont soigneusement reproduite :

« Nous, soussignés, officiers des régiments composant le 2e corps d'armée, certifions que M. le capitaine aide-de-camp Gérard, membre de la légion-d'honneur, a gagné la confiance des soldats, mérité les applaudissements de MM. les officiers généraux, et remporté complétement les suffrages de l'armée, par la conduite héroïque qu'il a tenue au combat de Polostk, le 18 août 1812. »

Cette manifestation si honorable pour le capitaine, dont la brillante conduite fut mise à l'ordre du jour du 2e corps d'armée, reçut la consécration la plus éclatante. Il fut appelé au quartier général, et là, *en présence des officiers généraux réunis*, il lui en fut donné lecture, particulièrement du paragraphe explicatif de son action, qui disait l'importance du service qu'il avait rendu à l'armée ; puis cet ordre du jour et les rapports du 2e corps furent portés au général Gouvion Saint-Cyr, afin qu'il pût en rendre un compte exact dans son rapport général à l'empereur.

Ce noble témoignage a été attesté surabondamment par les collègues de Gérard, les aides-de-camp, dont deux sont aujourd'hui les généraux VESCO et CHERER ; par les chefs d'état-major des première et deuxième divisions NÉRAUD et DE MONTFALCON ; par les généraux de brigade VALENTIN, POUGET, MOREAU, ALBERT et MAISON ; par le général de division LEGRAND, commandant le 2e corps ; par le sous-chef de l'état-major général GRUNDLER ; par le chef d'état-major général LORENCEZ ; par les corps d'officiers des 2e, 19e et 124e régiments de ligne, 26e d'infanterie légère, et 37e régiment de ligne, dont l'adjudant-major MESLIN, aujourd'hui général de division, a pris à cette affaire une part glorieuse ; par le lieutenant-colonel BRECHTEL, qui, avec sa jambe de bois, commandait là une batterie d'artillerie de douze pièces de 12. — Les sous-inspecteur et inspecteur aux revues BOISSY-D'ANGLAS et BARTE DE SAINTE-FARE, qui étaient à Polostk, ont eu une parfaite connaissance du brillant fait d'armes que je viens de rapporter.

Mais tandis que tant d'honorables témoignages étaient publiquement rendus à l'intrépidité du capitaine Gérard, le commandant en chef du 2ᵉ corps d'armée demeurait muet. En effet, en rendant compte à l'empereur du combat de Polostk, l'un des plus terribles livrés aux armées russes, et en récompense duquel il devait être nommé maréchal de France, Gouvion-Saint-Cyr, avec une bonne intention sans doute, remit à un autre moment le soin de citer et la grande action qui avait marqué cette journée, et le nom même de celui qui, dans la bataille, s'était si noblement couvert de gloire !

Et désormais dirai-je le motif qui m'a déterminé à écrire ces lignes et à les publier?

Ce n'est certes pas le vain désir de flatter un amour-propre vulgaire; ce n'est pas la pensée mesquine de produire une formule adulatrice vis-à-vis du plus haut représentant du pouvoir dans ce pays. Le caractère si parfaitement honorable de M. le général Gérard me protége, à cet égard, contre toutes suppositions malveillantes. D'ailleurs, je ne sais pas encenser les puissants du jour, et mes hommages sont exclusivement acquis, avec mes sympathies, aux ruines illustres, aux chutes éclatantes. Je ne me suis jamais incliné que devant la majesté du malheur, et si j'ai parfois tressé des couronnes, ma plume les a toujours décernées à de grandes infortunes, lorsqu'elle ne les déposait pas sur de glorieuses tombes.

Cependant, comme à l'initiative, peut-être indiscrète, que je viens de prendre il est besoin d'une explication, je dirai qu'elle trouve sa source naturelle dans une considération d'un ordre élevé, dont l'actualité, une fois indiquée, n'échappera à personne.

Le défenseur de Soissons, le héros de Polostk, l'énergique gardien de l'honneur national, commande en ce moment l'une des divisions militaires les plus importantes de France. Après avoir vaincu, l'autre année, le Socialisme à Rouen, il a reçu pour mission de comprimer ses efforts à Nantes, et de punir énergiquement ses excès, si un jour l'idée perturbatrice cherchait audacieusement à remuer des pavés parmi nous. Or, sans vouloir pressentir des éventualités peu redoutables sans doute, mais que la marche infatigable des événements peut faire surgir, il m'a semblé opportun de définir, par l'exemple de son passé, le soldat résolu qui se placerait à notre tête dans le cas d'une collision armée, le chef inflexible que la rébellion aurait à combattre si, un jour, elle osait, dans ce pays, des paroles passer aux actes.

Ravivé désormais dans notre population, le double souvenir que je viens d'évoquer sera peut-être notre sauvegarde contre l'émeute. En tout cas, il aura cet infaillible résultat d'accroître la juste confiance des uns, et de déconcerter les coupables projets des autres.

C'est là le double but que je me suis proposé. J'ai quelque espoir de l'atteindre.

Nantes, ce 26 mars 1849.

www.ingramcontent.com/pod-product-compliance
Lightning Source LLC
Chambersburg PA
CBHW060522050426
42451CB00009B/1116